Dispersão
&
Indícios de oiro

Edição apoiada pela Direção-Geral do Livro, dos Arquivos e das Bibliotecas/Portugal.

Dispersão
&
Indícios de oiro

Mário de Sá-Carneiro

© Moinhos, 2019.

Edição:
Camila Araujo & Nathan Matos

Assistente Editorial:
Sérgio Ricardo

Revisão:
LiteraturaBr Editorial

Diagramação e Projeto Gráfico:
LiteraturaBr Editorial

Capa:
Sérgio Ricardo

Dados Internacionais de Catalogação na Publicação (CIP) de acordo com ISBD
___

S119d
Sá-Carneiro, Mário de
 Dispersão & Indícios de oiro / Mário de Sá-Carneiro.
Belo Horizonte, MG : Moinhos, 2019.
 92 p.
 ISBN: 978-85-45557-67-8
 1. Literatura portuguesa. 2. Poesia. I. Título.
2019-94
          CDD 869.108
          CDU 821.134.3-1
___

    Elaborado por Vagner Rodolfo da Silva - CRB-8/9410

Índice para catálogo sistemático:
1. Literatura portuguesa : Poesia 869.108
2. Literatura portuguesa : Poesia 821.134.3-1

Todos os direitos desta edição reservados à
Editora Moinhos
Belo Horizonte — MG
editoramoinhos.com.br
contato@editoramoinhos.com.br

Sumário

Apresentação, por Rafael Santana

Dispersão (1913)

Partida	17
Escavação	20
Inter-Sonho	21
Álcool	22
Vontade de Dormir	24
Dispersão	25
Estátua falsa	29
Quase	30
Como Eu Não Possuo	32
Além-Tédio	34
Rodopio	35
A Queda	38

Indícios de Oiro (1937)

Epígrafe	41
Nossa Senhora de Paris	42
Salomé	43
Não	44
Certa voz na noite, ruivamente...	47
7	48
16	49
Apoteose	51
Distante melodia...	52
Sugestão	54
Taciturno	55

O Resgate	56
Vislumbre	57
Bárbaro	58
Ângulo	60
Anto	62
A Inegualável	63
Elegia	64
Escala	66
Sete Canções de Declínio	69
Abrigo	78
Cinco Horas	80
Serradura	83
O Lord	85
O Recreio	86
Torniquete	87
Pied-de-nez	88
O Pajem	89
Campainhada	90
Ápice	91
Desquite	92
"Caranguejola"	93
Último soneto	95

Apresentação

por **Prof.** *Rafael Santana (UFRJ)*

Há artistas que vivem da arte e há artistas que vivem a sua arte. Mário de Sá-Carneiro, escritor português do princípio do século XX, foi aquele para quem *vida* e *arte* eram considerados termos indissociáveis, e não foi por acaso que ele próprio sinalizou "a tristeza de nunca sermos dois" ao final de "Partida", o primeiro do conjunto de 12 poemas que reuniu sob o título de *Dispersão* (1913).

Quando lemos a correspondência de Mário de Sá-Carneiro, e muito especialmente as cartas endereçadas a Fernando Pessoa, percebemos que o escritor apresenta certos titubeios em considerar-se um poeta. Com efeito, a primeira obra publicada por Sá-Carneiro recebe o título de *Princípio* (1912). Trata-se de uma coletânea composta por alguns contos breves, outros brevíssimos, e por duas novelas. Juntamente com os chamados "Primeiros poemas", *Princípio* compõe aquilo que a crítica considera a juvenília do autor. Apesar de ter morrido muito cedo e de ter urdido toda a sua obra mais significativa num período de apenas quatro anos (de 1912 a 1916), Sá-Carneiro tem um divisor de águas na sua trajetória literária. Depois de uma tentativa fracassada de cursar Direito na Universidade de Coimbra, o poeta parte para Paris, a fim de iniciar o mesmo curso na Sorbonne. Na capital francesa ou na *grande capital latina* – como ele próprio gostava de chamar Paris –, o jovem provinciano *sedento de Europa* – para utilizarmos mais uma vez as suas palavras –, ou seja, desejoso de imbuir-se do espírito cosmopolita, logo se embrenha por meios artísticos, abandonando o que dizia ser a sua finalidade inicial.

Em Paris conhece Guilherme de Santa Rita, mais conhecido na história da literatura portuguesa como Santa Rita Pintor. É também em Paris que pela primeira vez toma contato com o Cubismo, imiscuindo-se do espírito vanguardista. Ressalte-se que a obra sá-carneiriana, inscrita que é no tempo histórico das vanguardas, não deixa de ser também ela atravessada por todo um legado finissecular. Significativamente, se nas já conhecidas palavras de Richard Sennett, "o século XIX ainda não terminou", é impossível negar que o fim de século, tempo que desacredita definitivamente do mito do progresso e da sua promessa de um mundo mais justo, mais fraterno e mais igualitário – utopia que durante largos anos se susteve sob a bandeira das políticas liberalistas –, é impossível negar que o fim de século, repito, ao exacerbar a consciência da ruína, do esboroamento dos principais pilares que sustentavam o edifício ético burguês, também não terminou. Simploriamente interpretado como mera atitude antipolítica, gesto nefelibata daqueles que se acastelavam nas suas torres de marfim, o esteticismo finissecular foi lido não poucas vezes como uma recusa dos seus artistas de olharem para as vicissitudes do mundo e dos homens, de comtemplarem criticamente o espaço que os circundava, num posicionamento elitista e algo esnobe de aristocratas da cultura. De fato, a postura antidemocrática de alguns estetas da Modernidade, de Baudelaire a Mallarmé, dos modernistas aos surrealistas, manifesta-se sob o signo de uma soberba que visa justamente a ferir o princípio hugoano da democratização da arte. Mas como salienta Marcos Siscar, poeta e crítico brasileiro cujas reflexões se têm focado justamente no tema da crise da Modernidade e nas suas repercussões éticas e estéticas, quiçá esta soberba assumida pelos artistas finisseculares, ou até mesmo o gosto acentuado pelas bizarrias sensoriais expressas tanto pela sua poesia quanto pela sua narrativa, pudessem ser lidas a partir de um outro viés. Por outras palavras: talvez pudessem ser lidas como a manifestação estética de um oximórico fazer democrático:

> [...] não há democracia sem soberba, sem o voo que permite vislumbrar os vazios que dão dramaticidade à decisão – às possibilidades da decisão e à capacidade de decidir; em outras palavras, não há visão sobre o real, ainda que o mais abjeto, que não envolva um passeio nas nuvens. Nesse sentido, é difícil imaginar uma democracia sem arte. Despregar o pé da realidade é uma condição para que nos coloquemos dentro dela mais decisiva e paradoxalmente. (In: Da soberba da poesia, 2012, p. 73)

Exibindo pedantemente a sua estirpe de artistas malditos, a sua distinção advinda de uma insubordinação aos cânones, os estetas finisseculares dramatizavam performaticamente a crise do mundo em que viviam, e daí a teatralidade, bem como a plasticidade, da literatura *fin-de-siècle*. Ao conferirem a si próprios o direito de passear nas nuvens num mundo reificado, rendido ao fetiche da mercadoria; ao empreenderem os seus voos num universo desumano e acelerado em que o tempo se convertia cruelmente em sinônimo de dinheiro, os artistas do final de oitocentos acentuavam com a sua recusa de se sensibilizar com as mazelas do seu entorno – e sobretudo com a sua eleição estética por uma introspecção algo narcísica – uma atitude de extrema lucidez. Na contramão das correntes cientificistas ou mesmo artísticas que ainda circulavam no seu tempo referencialmente histórico, os grandes autores do fim de século expressaram uma nova ética, o que implicou, no campo artes, o surgimento de novas propostas, isto é, de novas expressões estéticas. De certo modo, as inovações do movimento finissecular foram decisivas para os rumos que o Modernismo e as Vanguardas do início do século XX vieram a tomar, reverberando ainda ora em convergência, ora em divergência, nos diversos (e expressivos) movimentos surgidos ao longo das décadas que se seguiram.

Com muitos pontos de contato, mas ao mesmo tempo muito diferentes, o fim de século e a Vanguarda manifestam como traço em comum uma mesma ideia de esboroamento, inscrevendo-se ambos sob o signo da *ruína*, vocábulo já ele quase que indissociável do conceito benjaminiano de alegoria. Erigindo-se por entre os escombros da História, a arte finissecular apresenta como resposta estética uma resistência que se manifesta ela própria no gosto pela plasticidade, pelo uso ostentatório do ornamento, pela profusão sinestésica, pela mistura inusitada de cores, sabores e odores; enfim, por um refinamento sensorial logrado não raro pela via do dispêndio. E é precisamente esta a atmosfera poética do autor de *A confissão de Lúcio* (1913).

Dispersão, conjunto de 12 poemas ainda publicados em vida por Sá-Carneiro, inicia-se e encerra-se com os poemas motivadamente intitulados "Partida" e "A queda", convidando-nos a uma reflexão sobre a herança finissecular na constituição do projeto do primeiro modernismo português. Mário de Sá-Carneiro, que inicialmente dizia não se considerar um poeta, mas apenas um prosador, viu-se cada vez mais seduzido pela poesia e por suas relações com o mundo, chegando até mesmo a teorizar sobre elas. Em 1914, ele termina de escrever o conto "Asas" – posteriormente publicado em *Céu em fogo* (1915) –, aí desenvolvendo uma teoria da poesia moderna por meio de um texto ficcional. Neste conto, cujo título sugere algo de tão leve e de tão etéreo como o vento, um narrador em primeira pessoa isenta-se de narrar a sua história em prol da história de um outro, apresentando-nos a personagem de Petrus Ivanovich Zagoriansky, poeta russo que almeja lograr a construção de versos perfeitos, sobre os quais *a gravidade não tivesse* ação. Trata-se de um texto que promove toda uma reflexão sobre a arte, em especial a literatura, e, para o caso, a arte e a literatura modernas, inscritas nas correntes cosmopolitas e contemporâneas de Sá-Carneiro. Datado de outubro de 1914, mas tendo sido publicado em pequenos fragmentos desde janeiro de 1913, o conto "Asas" é certamente um ensaio em prosa, é o desenvolvimento da teoria poética que daria origem aos poemas mais significativos de Sá-Carneiro, que integram os conjuntos *Dispersão*, *Indícios de oiro* e *Últimos poemas*. Na sua demanda da perfeição, Zagoriansky depara-se permanentemente com escórias nos seus versos...

Repare-se no uso do vocábulo *escórias* para definir a impossibilidade de alcançar a perfeição poética. No fundo e na superfície, Sá-Carneiro já refletia sobre a poesia desde 1913, quando de fato começou a escrever poemas mais seriamente. A busca do ouro absoluto é uma constante da sua obra, e não é por acaso que ele pretendia reunir, sob o título alegórico de *Indícios de oiro* (conjunto publicado postumamente por iniciativa dos presencistas), alguns dos poemas que publicou, em 1915, no primeiro número da revista *Orpheu*. Ora, sabemos que as escórias são os resíduos que se formam aquando da fusão dos metais, e *Indícios de oiro* é um título motivado, que aponta a um só tempo para a busca incompleta e para o logro parcial do metal lavrado. Fundindo palavra com palavra, Sá-Carneiro promove a união dos seus metais-metáfora no texto, visando a alcançar o máximo grau de abstração através da poesia. Em toda a obra sá-carneiriana, reitero, há como que uma busca incansável pelo ouro absoluto, do qual a realidade exterior oferece apenas pequeníssimos *indícios*.

Buscando "obter a Perfeição – esse fluido", Zagoriansky quer plasmar uma arte gasosa compondo poemas em que as palavras estariam tão milimetricamente encaixadas – e formando um conjunto tão harmônico – que a introdução de qualquer outro elemento faria desmoronar todo o construto do texto. Na busca de escrever poesia com ideias, com sons, com sugestões de ideias e com intervalos, Zagoriansky intenta estetizar o volátil por meio da formulação de uma poética do ar, que propaga a ânsia de reproduzir o acelerado movimento do mundo moderno através de palavras leves e céleres. Ao fim e ao cabo, o poeta russo ficcional repensa a ética e a estética da poesia, na procura de poemas que lograssem inscrever simultaneamente a intensidade da vida moderna e o olhar inebriado do individuo que transita em vertigem pela cidade caótica e sedutora, lançando-se em meio a multidões, cafés, bulevares, *music halls*, fabricas titânicas, automóveis velozes e notícias de última hora, rapidamente divulgadas em todos os meios de comunicação. É esta modernidade do movimento que Zagoriansky quer alcançar na poesia, deparando-se não raro com a imperfeição, com o vácuo da escrita.

Desde a primeira página do texto, o russo é apresentado como um ser vago, litúrgico e ungido pelo mistério. Seduzido por ele, o narrador do conto torna-se um grande amigo do poeta e da sua família, com quem goza as horas de lazer. Os anos passam e Zagoriansky continua a polir os seus versos, cuja perfeição nunca é atingida. Um dia, inesperadamente, ele a afirma ter enfim concluído a sua obra, sobre a qual a gravidade já não atuava mais. Para a surpresa do narrador – que almejava ler aquela que seria a escritura mais original e genial do mundo –, o caderno de versos do poeta encontrava-se praticamente vazio, restando dela apenas um curto trecho introdutório. "Todos os meus versos, libertos enfim, tinham resvalado do meu caderno – por voos mágicos!...", revela Zagoriansky. Como numa espécie de "feitiço medieval", "de envoûtement de missa negra..." – as expressões são do próprio narrador – os poemas ter-se-iam imaterializado, a representar, simbolicamente, os amavios da linguagem. O estágio de perfeição atingido pelo poeta russo criado por Sá-Carneiro coincide com o desaparecimento de sua obra e com a intensificação da sua loucura (mortes por metáfora). Em outros termos, é a morte, é o vazio das palavras, que as torna paradoxalmente plenas de sentido. Em *Da soberba da poesia* (2012), Marcos Siscar se debruça em reflexões sobre a linguagem e a crise, assinalando que a poesia moderna, de Baudelaire a Mallarmé, dos modernistas aos surrealistas, pressupõe uma inevitável experiência da queda ou do afundamento. Se os artistas finisseculares e modernos assumiram não raro a máscara da frivolidade e da indiferença, escrevendo e inscrevendo-se sob o signo da rareza – "O meu destino é outro – é alto e é raro", dizem os versos de Sá-Carneiro (1996, p. 19) – isto não pressupõe contudo que eles (os artistas) tivessem gozado do privilégio de um eterno "estar nas alturas" ou do alcance da totalidade, pois é dramatização da consciência do falhanço, o gesto sacrificial e teatralizado de esmagar-se a si próprios, que caracteriza a experiência da soberba do poeta e da poesia modernos.

Respondendo a uma modernidade pós-baudelairiana que, nas palavras de Marcos Siscar, se inscreve indelevelmente num movimento oscilatório de ascensão e queda, a poesia de Sá-Carneiro talvez seja, em Portugal, um dos exemplos mais acabadamente elucidativos da apropriação dos postulados da arte finissecular e de suas transformações por parte dos artistas modernistas.

Dispersão (1913)

Partida

Ao ver escoar-se a vida humanamente
Em suas águas certas, eu hesito,
E detenho-me às vezes na torrente
Das coisas geniais em que medito.

Afronta-me um desejo de fugir
Ao mistério que é meu e me seduz.
Mas logo me triunfo. A sua luz
Não há muitos que a saibam reflectir.

A minh'alma nostálgica de além,
Cheia de orgulho, ensombra-se entretanto,
Aos meus olhos ungidos sobe um pranto
Que tenho a força de sumir também.

Porque eu reajo. A vida, a natureza,
Que são para o artista? Coisa alguma.
O que devemos é saltar na bruma,
Correr no azul à busca da beleza.

É subir, é subir além dos céus
Que as nossas almas só acumularam,
E prostrados rezar, em sonho, ao Deus,
Que as nossas mãos de auréola lá douraram.

É partir sem temor contra a montanha
Cingidos de quimera e d'irreal;
Brandir a espada fulva e medieval,
A cada hora acastelando em Espanha.

É suscitar cores endoidecidas,
Ser garra imperial enclavinhada,
E numa extrema-unção d'alma ampliada,
Viajar outros sentidos, outras vidas.

Ser coluna de fumo, astro perdido,
Forçar os turbilhões aladamente,
Ser ramo de palmeira, água nascente
E arco de ouro e chama distendido...

Asa longínqua a sacudir loucura,
Nuvem precoce de subtil vapor,
Ânsia revolta de mistério e olor,
Sombra, vertigem, ascensão — Altura!

E eu dou-me todo neste fim de tarde
À espira aérea que me eleva aos cumes.
Doido de esfinges o horizonte arde,
Mas fico ileso entre clarões e gumes!...

Miragem roxa de nimbado encanto —
Sinto os meus olhos a volver-se em espaço!
Alastro, venço, chego e ultrapasso;
Sou labirinto, sou licorne e acanto.

Sei a distância, compreendo o Ar;
Sou chuva de ouro e sou espasmo de luz;
Sou taça de cristal lançada ao mar,
Diadema e timbre, elmo real e cruz...

....
....

O bando das quimeras longe assoma...
Que apoteose imensa pelos céus!
A cor já não é cor — é som e aroma!
Vêm-me saudades de ter sido Deus...

*
* *

Ao triunfo maior, avante pois!
O meu destino é outro — é alto e raro.
Unicamente custa muito caro:
A tristeza de nunca sermos dois...

Paris 1913 — fevereiro

Escavação

Numa ânsia de ter alguma cousa,
Divago por mim mesmo a procurar,
Desço-me todo, em vão, sem nada achar,
E a minh'alma perdida não repousa.

Nada tendo, decido-me a criar:
Brando a espada: sou luz harmoniosa
E chama genial que tudo ousa
Unicamente à força de sonhar...

Mas a vitória fulva esvai-se logo...
E cinzas, cinzas só, em vez de fogo...
— Onde existo que não existo em mim?

....
....

Um cemitério falso sem ossadas,
Noites d'amor sem bocas esmagadas —
Tudo outro espasmo que princípio ou fim...

Paris 1913 — maio 3

Inter-sonho

Numa incerta melodia
Toda a minh'alma se esconde
Reminiscências de Aonde
Perturbam-me em nostalgia...

Manhã d'armas! Manhã d'armas!
Romaria! Romaria!

....

Tateio... dobro... resvalo...

....

Princesas de fantasia
Desencantam-se das flores...

....

Que pesadelo tão bom...

....

Pressinto um grande intervalo,
Deliro todas as cores,
Vivo em roxo e morro em som...

Paris 1913 — maio 6

ÁLCOOL

Guilhotinas, pelouros e castelos
Resvalam longemente em procissão;
Volteiam-me crepúsculos amarelos,
Mordidos, doentios de roxidão.

Batem asas d'auréola aos meus ouvidos,
Grifam-me sons de cor e de perfumes,
Ferem-me os olhos turbilhões de gumes,
Descem-me a alma, sangram-me os sentidos.

Respiro-me no ar que ao longe vem,
Da luz que me ilumina participo;
Quero reunir-me, e todo me dissipo —
Luto, estrebucho... Em vão! Silvo pra além...

Corro em volta de mim sem me encontrar...
Tudo oscila e se abate como espuma...
Um disco de ouro surge a voltear...
Fecho os meus olhos com pavor da bruma...

Que droga foi a que me inoculei?
Ópio d'inferno em vez de paraíso?...
Que sortilégio a mim próprio lancei?
Como é que em dor genial eu me eterizo?

Nem ópio nem morfina. O que me ardeu,
Foi álcool mais raro e penetrante:
É só de mim que ando delirante —
Manhã tão forte que me anoiteceu.

Paris 1913 — maio 4

Vontade de dormir

Fios d'ouro puxam por mim
A soerguer-me na poeira —
Cada um para o seu fim,
Cada um para o seu norte...

....

— Ai que saudades da morte...

....

Quero dormir... ancorar...

....

Arranquem-me esta grandeza!
— Pra que me sonha a beleza,
Se a não posso transmigrar?...

Paris 1913 — maio 6

DISPERSÃO

Perdi-me dentro de mim
Porque eu era labirinto,
E hoje, quando me sinto,
É com saudades de mim.

Passei pela minha vida
Um astro doido a sonhar.
Na ânsia de ultrapassar,
Nem dei pela minha vida...

Para mim é sempre ontem,
Não tenho amanhã nem hoje:
O tempo que aos outros foge
Cai sobre mim feito ontem.

(O Domingo de Paris
Lembra-me o desaparecido
Que sentia comovido
Os Domingos de Paris:

Porque um domingo é família,
É bem-estar, é singeleza,
E os que olham a beleza
Não têm bem-estar nem família).

O pobre moço das ânsias...
Tu sim, tu eras alguém!
E foi por isso também
Que te abismaste nas ânsias.

A grande ave dourada
Bateu asas para os céus,
Mas fechou-as saciada
Ao ver que ganhava os céus.

Como se chora um amante,
Assim me choro a mim mesmo:
Eu fui amante inconstante
Que se traiu a si mesmo.

Não sinto o espaço que encerro
Nem as linhas que projecto:
Se me olho a um espelho, erro —
Não me acho no que projecto.

Regresso dentro de mim
Mas nada me fala, nada!
Tenho a alma amortalhada,
Sequinha, dentro de mim.

Não perdi a minha alma,
Fiquei com ela, perdida.
Assim eu choro, da vida,
A morte da minha alma.

Saudosamente recordo
Uma gentil companheira

Que na minha vida inteira
Eu nunca vi... mas recordo

A sua boca doirada
E o seu corpo esmaecido,
Em um hálito perdido
Que vem na tarde doirada.

(As minhas grandes saudades
São do que nunca enlacei.
Ai, como eu tenho saudades
Dos sonhos que não sonhei!...)

E sinto que a minha morte —
Minha dispersão total —
Existe lá longe, ao norte,
Numa grande capital.

Vejo o meu último dia
Pintado em rolos de fumo,
E todo azul-de-agonia
Em sombra e além me sumo.

Ternura feita saudade,
Eu beijo as minhas mãos brancas...
Sou amor e piedade
Em face dessas mãos brancas...

Tristes mãos longas e lindas
Que eram feitas pra se dar...
Ninguém mas quis apertar...
Tristes mãos longas e lindas...

E tenho pena de mim,
Pobre menino ideal...
Que me faltou afinal?
Um elo? Um rastro?... Ai de mim!...

Desceu-me n'alma o crepúsculo;
Eu fui alguém que passou.
Serei, mas já não me sou;
Não vivo, durmo o crepúsculo.

Álcool dum sono outonal
Me penetrou vagamente
A difundir-me dormente
Em uma bruma outonal.

Perdi a morte e a vida,
E, louco, não enlouqueço...
A hora foge vivida,
Eu sigo-a, mas permaneço...

....
....

Castelos desmantelados,
Leões alados sem juba...

....
....

Paris 1913 — maio

Estátua falsa

Só de ouro falso os meus olhos se douram;
Sou esfinge sem mistério no poente.
A tristeza das coisas que não foram
Na minh'alma desceu veladamente.

Na minha dor quebram-se espadas de ânsia,
Gomos de luz em treva se misturam.
As sombras que eu dimano não perduram,
Como Ontem, para mim, Hoje é distância.

Já não estremeço em face do segredo;
Nada me aloira já, nada me aterra:
A vida corre sobre mim em guerra,
E nem sequer um arrepio de medo!

Sou estrela ébria que perdeu os céus,
Sereia louca que deixou o mar;
Sou templo prestes a ruir sem deus,
Estátua falsa ainda erguida ao ar...

Paris 1913 — maio 5

Quase

Um pouco mais de sol — eu era brasa,
Um pouco mais de azul — eu era além.
Para atingir, faltou-me um golpe d'asa...
Se ao menos eu permanecesse aquém...

Assombro ou paz? Em vão... Tudo esvaído
Num baixo mar enganador d'espuma;
E o grande sonho despertado em bruma,
O grande sonho — ó dor! — quase vivido...

Quase o amor, quase o triunfo e a chama,
Quase o princípio e o fim — quase a expansão...
Mas na minh'alma tudo se derrama...
Entanto nada foi só ilusão!

De tudo houve um começo... e tudo errou...
— Ai a dor de ser-quase, dor sem fim... —
Eu falhei-me entre os mais, falhei em mim,
Asa que se elançou mas não voou...

Momentos d'alma que desbaratei...
Templos aonde nunca pus um altar...
Rios que perdi sem os levar ao mar...
Ânsias que foram mas que não fixei...

Se me vagueio, encontro só indícios...
Ogivas para o sol — vejo-as cerradas;
E mãos d'herói, sem fé, acobardadas,
Puseram grades sobre os precipícios...

Num ímpeto difuso de quebranto,
Tudo encetei e nada possuí...
Hoje, de mim, só resta o desencanto
Das coisas que beijei mas não vivi...

....
....

Um pouco mais de sol — e fora brasa,
Um pouco mais de azul — e fora além.
Para atingir, faltou-me um golpe d'asa...
Se ao menos eu permanecesse aquém...

Paris 1913 — maio 13

Como eu não possuo

Olho em volta de mim. Todos possuem
Um afecto, um sorriso ou um abraço.
Só para mim as ânsias se diluem
E não possuo mesmo quando enlaço.

Roça por mim, em longe, a teoria
Dos espasmos golfados ruivamente;
São êxtases da cor que eu fremiria,
Mas a minh'alma pára e não os sente!

Quero sentir. Não sei... perco-me todo...
Não posso afeiçoar-me nem ser eu:
Falta-me egoísmo para ascender ao céu,
Falta-me unção pra me afundar no lodo.

Não sou amigo de ninguém. Pra o ser
Forçoso me era antes possuir
Quem eu estimasse — ou homem ou mulher,
E eu não logro nunca possuir!...

Castrado d'alma e sem saber fixar-me,
Tarde a tarde na minha dor me afundo...
— Serei um emigrado doutro mundo
Que nem na minha dor posso encontrar-me?

*
* *

Como eu desejo a que ali vai na rua,
Tão ágil, tão agreste, tão de amor...
Como eu quisera emaranhá-la nua,
Bebê-la em espasmos d'harmonia e cor!...

Desejo errado... Se a tivera um dia,
Toda sem véus, a carne estilizada
Sob o meu corpo arfando transbordada,
Nem mesmo assim — ó ânsia! — eu a teria...

Eu vibraria só agonizante
Sobre o seu corpo d'êxtases dourados,
Se fosse aqueles seios transtornados,
Se fosse aquele sexo aglutinante...

De embate ao meu amor todo me ruo,
E vejo-me em destroço até vencendo:
É que eu teria só, sentindo e sendo
Aquilo que estrebucho e não possuo.

Paris 1913 — maio

Além-tédio

Nada me expira já, nada me vive —
Nem a tristeza nem as horas belas.
De as não ter e de nunca vir a tê-las,
Fartam-me até as coisas que não tive.

Como eu quisera, enfim d'alma esquecida,
Dormir em paz num leito d'hospital...
Cansei dentro de mim, cansei a vida
De tanto a divagar em luz irreal.

Outrora imaginei escalar os céus
À força de ambição e nostalgia,
E doente-de-Novo, fui-me Deus
No grande rastro fulvo que me ardia.

Parti. Mas logo regressei à dor,
Pois tudo me ruiu... Tudo era igual:
A quimera, cingida, era real,
A própria maravilha tinha cor!

Ecoando-me em silêncio, a noite escura
Baixou-me assim na queda sem remédio;
Eu próprio me traguei na profundura,
Me sequei todo, endureci de tédio.

E só me resta hoje uma alegria:
É que, de tão iguais e tão vazios,
Os instantes me esvoam dia a dia
Cada vez mais velozes, mais esguios...

Paris 1913 — maio 15

Rodopio

Volteiam dentro de mim,
Em rodopio, em novelos,
Milagres, uivos, castelos,
Forcas de luz, pesadelos,
Altas torres de marfim.

Ascendem hélices, rastros...
Mais longe coam-me sóis;
Há promontórios, faróis,
Upam-se estátuas d'heróis,
Ondeiam lanças e mastros.

Zebram-se armadas de cor,
Singram cortejos de luz,
Ruem-se braços de cruz,
E um espelho reproduz,
Em treva, todo o esplendor...

Cristais retinem de medo,
Precipitam-se estilhaços,
Chovem garras, manchas, laços...
Planos, quebras e espaços
Vertiginam em segredo.

Luas d'oiro se embebedam,
Rainhas desfolham lírios;
Contorcionam-se círios,
Enclavinham-se delírios
Listas de som enveredam...

Virgulam-se aspas em vozes,
Letras de fogo e punhais;
Há missas e bacanais,
Execuções capitais,
Regressos, apoteoses.

Silvam madeixas ondeantes,
Pungem lábios esmagados,
Há corpos emaranhados,
Seios mordidos, golfados,
Sexos mortos d'anseantes...

(Há incenso de esponsais,
Há mãos brancas e sagradas,
Há velhas cartas rasgadas,
Há pobres coisas guardadas —
Um lenço, fitas, dedais...)

Há elmos, troféus, mortalhas,
Emanações fugidias,
Referências, nostalgias,
Ruínas de melodias,
Vertigens, erros e falhas.

Há vislumbres de não-ser,
Rangem, de vago, neblinas;
Fulcram-se poços e minas,
Meandros, pauis, ravinas
Que não ouso percorrer...

Há vácuos, há bolhas d'ar,
Perfumes de longes ilhas,
Amarras, lemes e quilhas —
Tantas, tantas maravilhas
Que se não podem sonhar!...

Paris 1913 — maio

A Queda

E eu que sou o rei de toda esta incoerência,
Eu próprio turbilhão, anseio por fixá-la
E giro até partir... Mas tudo me resvala
Em bruma e sonolência.

Se acaso em minhas mãos fica um pedaço d'ouro,
Volve-se logo falso... ao longe o arremesso...
Eu morro de desdém em frente dum tesouro,
Morro à míngua, de excesso.

Alteio-me na cor à força de quebranto,
Estendo os braços d'alma — e nem um espasmo venço!...
Peneiro-me na sombra — em nada me condenso...
Agonias de luz eu vibro ainda entanto.

Não me pude vencer, mas posso-me esmagar,
— Vencer às vezes é o mesmo que tombar —
E como inda sou luz, num grande retrocesso,
Em raivas ideais, ascendo até o fim:
Olho do alto o gelo, ao gelo me arremesso...
....

Tombei...
        E fico só esmagado sobre mim!...

Paris 1913 — maio 8

Indícios de Oiro (1937)

Epígrafe

A sala do castelo é deserta e espelhada.

Tenho medo de Mim. Quem sou? Donde cheguei?...
Aqui, tudo já foi... Em sombra estilizada,
A cor morreu — e até o ar é uma ruína...
Vem d'Outro tempo a luz que me ilumina —
Um som opaco me dilui em Rei...

Nossa Senhora de Paris

Listas de som avançam para mim a fustigar-me
Em luz.
Todo a vibrar, quero fugir... Onde acoitar-me?...
Os braços duma cruz
Anseiam-se-me, e e fujo também ao luar...

Um cheiro a maresia
Vem me refrescar,
Longínqua melodia
Toda saudosa a Mar...
Mirtos e tamarindos
Odoram a lonjura;
Resvalam sonhos lindos...
Mas o oiro não perdura
E a noite cresce agora a desabar catedrais...

Fico sepulto sob círios,
Escureço-me em delírios
Mas ressurjo de Ideais...

Os meus sentidos a escoarem-se...
Altares e velas...
Orgulho... Estrelas...
Vitrais! Vitrais!

Flores-de-lis...

Manchas de cor a ogivarem-se...
As grandes naves a sagrarem-se...
— Nossa Senhora de Paris!...

Paris 1913 — junho 15

Salomé

Insónia roxa. A luz a virgular-se em medo,
Luz morta de luar, mais Alma do que a lua...
Ela dança, ela range. A carne, álcool de nua,
Alastra-se pra mim num espasmo de segredo...

Tudo é capricho ao seu redor, em sombras fátuas...
O aroma endoideceu, upou-se em cor, quebrou...
Tenho frio... Alabastro!... A minh'Alma parou...
E o seu corpo resvala a projectar estátuas...

Ela chama-me em Íris. Nimba-se a perder-me,
Golfa-me os seios nus, ecoa-me em quebranto...
Timbres, elmos, punhais... A doida quer morrer-me:

Mordoura-se a chorar — há sexos no seu pranto...
Ergo-me em som, oscilo, e parto, e vou arder-me
Na boca imperial que humanizou um Santo...

Lisboa 1915 — novembro 3

Não

Longes se aglomeram
Em torno aos meus sentidos,
Nos quais prevejo erguidos
Paços reais de mistérios.

Cinjo-me de Cor,
E parto a demandar.
Tudo é Oiro em meu rastro —
Poeira de amor...

Lá se ergue o castelo
Amarelo do medo
Que eu tinha previsto:
As portas abertas,
Lacaios parados,
As luzes, desertas —
Janelas incertas,
Torreões sepulcrados...

Vitória! Vitória!
Mistério é riqueza —
E o medo é Mistério!...

Ó Paços reais encantados
Dos meus sentidos doirados,
Minha glória, minha beleza!

(— Se tudo quanto é dourado,
Fosse sempre um cemitério?...)

Heráldico de Mim,
Transponho liturgias...

Arrojo-me a entrar
Nos Paços que alteei,
Quero depor o Rei
Para lá me coroar.

Ninguém me veda a entrada,
Ascendo a Escadaria —
Tudo é sombra parada,
Silêncio, luz fria...

Ruiva, a sala do trono
Ecoa roxa aos meus passos.
Sonho os degraus do trono —
E o trono cai feito em pedaços...

Deixo a sala imperial,
Corro nas galerias,
Debruço-me às gelosias —
Nenhuma deita pra jardins...

Os espelhos são cisternas —
Os candelabros
Estão todos quebrados...

Vagueio o Palácio inteiro,
Chego ao fim dos salões...
Enfim, oscilo alguém!
Encontro uma Rainha,
Velha, entrevadinha,
A que vigiam Dragões...

E acordo
Choro por mim... Como fui louco...
Afinal
Neste Palácio Real
Que os meus sentidos ergueram,
Ai, as cores nunca viveram...
Morre só uma rainha,
Entrevada, sequinha,
Embora a guardem Dragões...

....
....

— A Rainha velha é a minh'Alma — exangue...
— O Paço Real o meu génio...
— E os Dragões são o meu sangue...

(Se a minha alma fosse uma Princesa nua
E debochada e linda...)

Lisboa 1913 — dezembro 14

CERTA VOZ NA NOITE, RUIVAMENTE...

Esquivo sortilégio o dessa voz, opiada
Em sons cor de amaranto, às noites de incerteza,
Que eu lembro não sei d'Onde — a voz duma Princesa
Bailando meia nua entre clarões de Espada.

Leonina, ela arremessa a carne arroxeada;
E bêbada de Si, arfante de Beleza,
Acera os seios nus, descobre o sexo... Reza
O espasmo que a estrebucha em Alma copulada...

Entanto nunca a vi mesmo em visão. Somente
A sua voz a fulcra ao meu lembrar-me. Assim
Não lhe desejo a carne — a carne inexistente...

É só de voz-em-cio a bailadeira astral —
E nessa voz-Estátua, ah! nessa voz-total,
É que eu sonho esvair-me em vícios de marfim

Lisboa 1914 — janeiro 31

7

Eu não sou eu nem sou o outro,
Sou qualquer coisa de intermédio:
Pilar da ponte de tédio
Que vai de mim para o Outro.

Lisboa — fevereiro de 1914

16

Esta inconstância de mim próprio em vibração
É que me ha de transpor às zonas intermédias,
E seguirei entre cristais de inquietação,
A retinir, a ondular... Soltas as rédeas,
Meus sonhos, leões de fogo e pasmo domados a tirar
A torre d'ouro que era o carro da minh'Alma,
Transviarão pelo deserto, muribundos de Luar -
E eu só me lembrarei num baloiçar de palma...
Nos oásis, depois, hão de se abismar gumes,
A atmosfera há de ser outra, noutros planos:
As rãs hão de coaxar-me em roucos tons humanos
Vomitando a minha carne que comeram entre estrumes...

x

Há sempre um grande Arco ao fundo dos meus olhos...
A cada passo a minha alma é outra cruz,
E o meu coração gira: é uma roda de cores...
Não sei aonde vou, nem vejo o que persigo...
Já não é o meu rastro o rastro d'oiro que ainda sigo...
Resvalo em pontes de gelatina e de bolores...
— Hoje, a luz para mim é sempre meia-luz...

....
....

As mesas do Café endoideceram feitas ar...
Caiu-me agora um braço... Olha, lá vai ele a valsar
Vestido de casaca, nos salões do Vice-Rei...

(Subo por mim acima como por uma escada de corda,
E a minha Ânsia é um trapézio escangalhado...).

Lisboa — maio de 1914

Apoteose

Mastros quebrados, singro num mar d'Ouro
Dormindo fogo, incerto, longemente...
Tudo se me igualou num sonho rente,
E em metade de mim hoje só moro...

São tristezas de bronze as que inda choro —
Pilastras mortas, mármores ao Poente...
Lagearam-se-me as ânsias brancamente
Por claustros falsos onde nunca oro...

Desci de mim. Dobrei o manto d'Astro,
Quebrei a taça de cristal e espanto,
Talhei em sombra o Oiro do meu rastro...

Findei... Horas-platina... Olor-brocado...
Luar-ânsia... Luz-perdão... Orquídeas pranto...

....

— Ó pântanos de Mim — jardim estagnado...

Paris 1914 — junho 28

Distante melodia...

Num sonho d'Iris, morto a ouro e brasa,
Vêm-me lembranças doutro Tempo azul
Que me oscilava entre véus de tule —
Um tempo esguio e leve, um tempo-Asa.

Então os meus sentidos eram cores,
Nasciam num jardim as minhas ânsias,
Havia na minh'alma Outras distâncias —
Distancias que o segui-las era flores...

Caía Ouro se pensava Estrelas,
O luar batia sobre o meu alhear-me...
— Noites-lagoas, como éreis belas
Sob terraços-lis de recordar-me!...

Idade acorde d'Inter sonho e Lua,
Onde as horas corriam sempre jade,
Onde a neblina era uma saudade,
E a luz — anseios de Princesa nua...

Balaústres de som, arcos de Amar,
Pontes de brilho, ogivas de perfume...
Domínio inexprimível d'Ópio e lume
Que nunca mais, em cor, hei de habitar...

Tapetes doutras Pérsias mais Oriente...
Cortinados de Chinas mais marfim...
Áureos Templos de ritos de cetim...
ontes correndo sombra, mansamente...

Zimbórios-panthéons de nostalgias...
Catedrais de ser-Eu por sobre o mar...
Escadas de honra, escadas só, ao ar...
Novas Bizâncios-alma, outras Turquias...

Lembranças fluidas... cinza de brocado...
Irrealidade anil que em mim ondeia...
— Ao meu redor eu sou Rei exilado,
Vagabundo dum sonho de sereia...

Paris 1914 — junho 30

Sugestão

As companheiras que não tive,
Sinto-as chorar por mim, veladas,
Ao pôr do sol, pelos jardins...
Na sua mágoa azul revive
A minha dor de mãos finadas
Sobre cetins...

Paris — agosto de 1914

TACITURNO

Há Ouro marchetado em mim, a pedras raras,
Ouro sinistro em sons de bronzes medievais —
Joia profunda a minha Alma a luzes caras,
Cibório triangular de ritos infernais.

No meu mundo interior cerraram-se armaduras,
Capacetes de ferro esmagaram Princesas.
Toda uma estirpe rial de heróis d'Outras bravuras
Em mim se despojou dos seus brasões e presas.

Heráldicas-luar sobre ímpetos de rubro,
Humilhações a lis, desforços de brocado;
Basílicas de tédio, arneses de crispado,
Insígnias de Ilusão, troféus de jaspe e Outubro...

A ponte levadiça e baça de Eu-ter-sido
Enferrujou — embalde a tentarão descer...
Sobre fossos de Vago, ameias de inda-querer —
Manhãs de armas ainda em arraiais de olvido...

Percorro-me em salões sem janelas nem portas,
Longas salas de trono a espessas densidades,
Onde os panos de Arrás são esgarçadas saudades,
E os divãs, em redor, ânsias lassas, absortas...

Ha roxos fins de Império em meu renunciar —
Caprichos de cetim do meu desdém Astral...
Ha exéquias de heróis na minha dor feudal —
E os meus remorsos são terraços sobre o Mar...

Paris — agosto de 1914

O Resgate

A última ilusão foi partir os espelhos –
E nas salas ducais, os frisos das esculturas
Desfizeram-se em pó... Todas as bordaduras
Caíram de repente aos reposteiros velhos.

Atónito, parei na escadaria
Olhando as destroçadas, imperiais riquezas...
Dos lustres de cristal — as velas de ouro, acesas,
Quebravam-se também sobre a tapeçaria...

Rasgavam-se cetins, abatiam-se escudos;
Estalavam de cor os grifos dos ornatos.
Pelas molduras d'honra, os lendários retratos
Sumiam-se de medo, a roçagar veludos...

Doido! Trazer ali os meus desdéns crispados!...
Tectos e frescos, pouco a pouco, enegreciam;
Panos de Arrás do que não-Fui emurcheciam –
Velavam-se brasões, subitamente errados...
Então, eu mesmo fui trancar todas as portas;
Fechei-me a Bronze eterno em meus salões ruídos...
— Se arranho o meu despeito entre vidros partidos,
Estilizei em Mim as douradas mortas!

Camarate — Quinta da Vitória
outubro 1914

VISLUMBRE

A horas flébeis, outonais —
Por magoados fins de dia —
A minha Alma é água fria
Em ânforas d'Ouro... entre cristais...

Camarate — Quinta da Vitória
outubro 1914

Bárbaro

Enroscam-se-lhe ao trono as serpentes douradas
Que, César, mandei vir dos meus viveiros d'África.
Mima a luxúria a nua — Salomé asiática...
Em volta, carne a arder — virgens supliciadas...

Mitrado d'oiro e lua, em meu trono de Esfinges —
Dentes rangendo, olhos de insónia e maldição —
Os teus coleios vis, nas infâmias que finges,
Alastram-se-me em febre e em garras de leão.

Sibilam os répteis... Rojas-te de joelhos...
Sangue te escorre já da boca profanada...
Como bailas o vício, ó torpe, ó debochada —
Densos sabats de cio teus frenesis vermelhos...

Mas ergues-te num espasmo — e às serpentes domas
Dando-lhes a trincar teu sexo nu, aberto...
As tranças desprendeste... O teu cabelo, incerto,
Inflama agora um halo a crispações e aromas...

Embalde mando arder as mirras consagradas:
O ar apodreceu da tua perversão...
Tenho medo de ti num calafrio de espadas —
A minha carne soa a bronzes de prisão...

Arqueia-me o delírio — e sufoco, esbracejo...
A luz enrijeceu zebrada em planos d'aço...
A sangue, se virgula e se desdobra o espaço...
Tudo é loucura já quanto em redor alvejo!...

Traço o manto e, num salto, entre uma luz que corta,
Caio sobre a maldita... Apunhalo-a em estertor...

....
....

— Não sei quem tenho aos pés: se a dançarina morta,
Ou a minha Alma só que me explodiu de cor...

Camarate — Quinta da Vitória
Outubro de 1914

ÂNGULO

Aonde irei neste sem-fim perdido,
Neste mar oco de certezas mortas? —
Fingidas, afinal, todas as portas
Que no dique julguei ter construído...

— Barcaças dos meus ímpetos tigrados,
Que oceano vos dormiram de Segredo?
Partiste-vos, transportes encantados,
De embate, em alma ao roxo, a que rochedo?...

— Ó nau de festa, ó ruiva de aventura
Onde, em Champanhe, a minha ânsia ia,
Quebraste-vos também ou, porventura,
Fundeaste a Oiro em portos de alquimia?...

....
....

Chegaram à baia os galeões
Com as sete Princesas que morreram.
Regatas de luar não se correram...
As bandeiras velaram-se, orações...

Detive-me na ponte, debruçado.
Mas a ponte era falsa — e derradeira.
Segui no cais. O cais era abaulado,
Cais fingido sem mar à sua beira...

— Por sobre o que Eu não sou há grandes pontes
Que um outro, só metade, quer passar
Em miragens de falsos horizontes —
Um outro que eu não posso acorrentar...

Barcelona — setembro 1914

Anto

Caprichos de lilás, febres esguias.
Enlevos de Ópio — Íris-abandono...
Saudades de luar, timbre de Outono,
Cristal de essências langues, fugidias...

O pajem débil das ternuras de cetim,
O friorento de carícias magoadas;
O príncipe das Ilhas transtornadas —
Senhor feudal das Torres de marfim...

Lisboa 1915 — fevereiro 14

A Inegualável

Ai, como eu te queria toda de violetas
E flébil de cetim...
Teus dedos longos, de marfim,
Que os sombreassem joias pretas...

E tão febril e delicada
Que não pudesses dar um passo —
Sonhando estrelas, transtornada,
Com estampas de cor no regaço...

Queria-te nua e friorenta,
Aconchegando-te em zibelinas —
Sonolenta,
Ruiva de éteres e morfinas...

Ah! que as tuas nostalgias fossem guizos de prata —
Teus frenesis, lantejoulas;
E os ócios em que estiolas,
Luar que se desbarata...

....
....

Teus beijos, queria-os de tule,
Transparecendo carmim —
Os teus espasmos, de seda...

— Água fria e clara numa noite azul,
Água, devia ser o teu amor por mim...

Lisboa 1915 — fevereiro 16

Elegia

Minha presença de cetim,
Toda bordada a cor-de-rosa,
Que foste sempre um adeus em mim
Por uma tarde silenciosa...

Ó dedos longos que toquei,
Mas se os toquei, desapareceram...
Ó minhas bocas que esperei,
E nunca mais se me estenderam...

Meus Boulevards d'Europa e beijos
Onde fui só um espectdor...
— Que sono lasso, o meu amor;
— Que poeira d'ouro, os meus desejos...

Há mãos pendidas de amuradas
No meu anseio a divagar...
Em mim findou todo o luar
Da lua dum conto de fadas...

Eu fui alguém que se enganou
E achou mais belo ter errado...
Mantenho o trono mascarado
Aonde me sagrei Pierrot.

Minhas tristezas de cristal,
Meus débeis arrependimentos,
São hoje os velhos paramentos
Duma pesada Catedral.

Pobres enleios de carmim
Que reservara pra algum dia:
A sombra loira, fugidia,
Jamais se abeirará de mim...

— Ó minhas cartas nunca escritas,
E os meus retratos que rasguei...
As orações que não rezei...
Madeixas falsas, flores e fitas...

O "petit-bleu" que não chegou...
As horas vagas do jardim...
O anel de beijos e marfim
Que os seus dedos nunca anelou...

Convalescença afectuosa
Num hospital branco de paz...
A dor magoada e duvidosa
Dum outro tempo mais lilás...

Um braço que nos acalenta...
Livros de cor à cabeceira...
Minha ternura friorenta —
Ter amas pela vida inteira...

Ó grande Hotel universal
Dos meus frenéticos enganos,
Com aquecimento central,
Escrocs, cocotes, tziganos...

Ó meus Cafés de grande vida
Com dançarinos multicolores...
— Ai, não são mais as minhas dores
Que a sua dança interrompida...

Lisboa 1915 — março

Escala

Oh!, regressar a mim profundamente
E ser o que já fui no meu delírio...
— Vá, que se abra de novo o grande lírio,
Tombem miosótis em cristal e Oriente!

Cinja-me de novo a grande esperança,
E de novo me timbre a grande Lua!
Eia! que empunhe como outrora a lança
E a espada de Astros — ilusória e nua!

Rompa a fanfarra atrás do funeral!
Que se abra o poço de marfim e jade!
— Vamos! é tempo de partir a Grade!
Corra o palácio inteiro o vendaval!

Nem portas nem janelas, como dantes:
A chuva, o vento, o sol — e eu, A Estátua!
Que me nimbe de novo a auréola fátua —
Tirano medieval d'Oiros distantes.

E o Príncipe sonâmbulo do Sul,
O Doge de Venezas escondidas,
O chaveiro das Torres poluídas,
O mítico Rajá de Índias de tule —

Me erga imperial, em pasmo e arrogância,
Toldado de luar — cintil de arfejos:
Imaginário de carmim e beijos,
Pierrot de fogo a cabriolar Distância.

Num entardecer as esfinges d'Ouro e mágoa
Que se prolongue o Cais de me cismar —
Que ressurja o terraço à beira-mar
De me iludir em Rei de Pérsias d'água.

É tempo ainda de realçar-me a espelhos,
Travar mistérios, influir Destaque.
Vamos! por terra os reposteiros velhos —
Novos brocados para o novo ataque!

Torne-se a abrir o Harém em festival,
(Harém de gaze — e as odaliscas, seda)...
Que se embandeire em mim o Arraial,
Haja bailes de Mim pela alameda!!...

Rufem tambores, colem-se os cartazes —
Gire a tômbola, o carroussel comece!
Vou de novo lançar-me na quermesse:
— Saltimbanco, que a feira toda arrases!

Eh-lá! mistura os sons com os perfumes,
Disparata de Cor, guincha de luz!
Amontoa no palco os corpos nus,
Tudo alvoroça em malabares de lumes!

Recama-te de Anil e destempero,
Tem coragem — em mira o grande salto!
Ascende! Tomba! Que te imposta? Falto
Eu, acaso?... — Ânimo! Lá te espero.

Que nada mais te importe. Ah! segue em frente
Ó meu Rei-lua o teu destino dúbio:
E sê o timbre, sê o oiro, o eflúvio,
O arco, a zona — o Sinal de Oriente!

Paris — julho de 1915

Sete Canções de Declínio

1.
Um vago tom de opala debelou
Prolixos funerais de luto d'Astro —,
E, pelo espaço, a Oiro se enfolou
O estandarte real — livre, sem mastro.

Fantástica bandeira sem suporte,
Incerta, nevoenta, recamada —
A desdobrar-se como a minha Sorte
Predita por ciganos numa estrada...

2.
Atapetemos a vida
Contra nós e contra o mundo.
— Desçamos panos de fundo
A cada hora vivida.

Desfiles, danças — embora
Mal sejam uma ilusão...
— Cenários de mutação
Pela minha vida fora!

Quero ser Eu plenamente:
Eu, o possesso do Pasmo.
— Todo o meu entusiasmo,
 Ah! que seja o meu Oriente!

O grande doido, o varrido,
O perdulário do Instante —
O amante sem amante,
Ora amado ora traído...

Lançar as barcas ao Mar —
De névoa, em rumo de incerto ...
— Pra mim o longe é mais perto
  Do que o presente lugar.

...E as minhas unhas polidas
Ideia de olhos pintados
Meus sentidos maquilados
A tintas desconhecidas...

Mistério duma incerteza
Que nunca se há-de fixar...
Sonhador em frente ao mar
Duma olvidada riqueza...

— Num programa de teatro
  Suceda-se a minha vida:
  Escada de Oiro descida
Aos pinotes, quatro a quatro!...

3.
— Embora num funeral
Desfraldemos as bandeiras:
Só as Cores são verdadeiras —
Siga sempre o festival!

Quermesse — eia! — e ruído!
Louça quebrada! Tropel!
(Defronte do carrossel,
Eu, em ternura esquecido...)

Fitas de cor, vozearia —
Os automóveis repletos:
Seus chauffeurs os meus afectos
Com librés de fantasia!

Ser bom... Gostaria tanto
De o ser... Mas como? Afinal
Só se me fizesse mal
Eu fruiria esse encanto.

— Afetos? Divagações
Amigo dos meus amigos
Amizades são castigos,
Não me embaraço em prisões!

Fiz deles os meus criados,
Com muita pena — decerto.
Mas quero o Salão aberto,
E os meus braços repousados.

4.
As grandes Horas! — vivê-las
A preço mesmo dum crime!
Só a beleza redime —
Sacrifícios são novelas.

"Ganhar o pão do seu dia
Com o suor do seu rosto"...
— Mas não há maior desgosto
Nem há maior vilania!

E quem for Grande não venha
Dizer-me que passa fome:
Nada há que se não dome
Quando a Estrela for tamanha!

Nem receios nem temores,
Mesmo que sofra por nós
Quem nos faz bem. Esses dós
Impeçam os inferiores.

Os Grandes, partam — dominem
Sua sorte em suas mãos:
Toldados, inúteis, vãos,
Que o seu Destino imaginem!

Nada nos pode deter:
O nosso caminho é de Astro!
Luto — embora! — o nosso rastro,
Se pra nós Oiro há-de ser!...

5.
Vaga lenda facetada
A imprevisto e miragens —
Um grande livro de imagens,
Uma toalha bordada...

Um baile russo a mil cores,
Um Domingo de Paris —
Cofre de Imperatriz
Roubado por malfeitores...

Antiga quinta deserta
Em que os donos faleceram —
Porta de cristal aberta
Sobre sonhos que esqueceram...

Um lago à luz do luar
Com um barquinho de corda...
Saudade que não recorda —
Bola de tênis no ar...

Um leque que se rasgou —
Anel perdido no parque —
Lenço que acenou no embarque
D'Aquela que não voltou...

Praia de banhos do sul
Com meninos a brincar
Descalços, à beira-mar,
Em tardes de céu azul...

Viagem circulatória
Num expresso de wagons-leitos —
Balão aceso — defeitos
De instalação provisória...

Palace cosmopolita
De rastaquouères e cocottes —
Audaciosos decotes
Duma francesa bonita...

Confusão de music-hall
Aplausos e brou-u-há —
Interminável sofá
Dum estofo profundo e mole

Pinturas a "ripolin",
Anúncios pelos telhados —
O barulho dos teclados
Das Linotyp' do "Matin"...

Manchete de sensação
Transmitida a todo o mundo —
Famoso artigo de fundo
Que acende uma revolução...

Um sobrescrito lacrado
Que transviou no correio,
E nos chega sujo — cheio
De carimbos, lado a lado ...

Nobre ponte citadina
De intranquila capital —
A umidade outonal
Duma manhã de neblina...

Uma bebida gelada —
Presentes todos os dias...
Champanhe em taças esguias
Ou água ao sol entornada...

Uma gaveta secreta
Com segredos de adultérios...
Porta falsa de mistérios —
Toda uma estante repleta:

Seja enfim a minha vida
Tarada de ócios e Lua:
Vida de Café e rua,
Dolorosa, suspendida —

Ah! mas de enlevo tão grande
Que outra nem sonho ou prevejo...
— A eterna mágoa dum beijo,
Essa mesma, ela me expande...

6.
Um frenesi hialino arrepiou
Pra sempre a minha carne e a minha vida.
Fui um barco de vela que parou
Em súbita baía adormecida...

Baía embandeirada de miragem,
Dormente de ópio, de cristal e anil,
Na ideia de um país de gaze e Abril,
Em duvidosa e tremulante imagem...

Parou ali a barca — e, ou fosse encanto,
Ou preguiça, ou delírio, ou esquecimento,
Não mais aparelhou... — ou fosse o vento
Propício que faltasse: ágil e santo...

...Frente ao porto esboçara-se a cidade,
Descendo enlanguescida e preciosa:
As cúpulas de sombra cor-de-rosa,
As torres de platina e de saudade.

Avenidas de seda deslizando,
Praças d'honra libertas sobre o mar —
Jardins onde as flores fossem luar;
Largos — carícias de âmbar flutuando...

Os palácios a rendas e escumalha,
De filigrana e cinza as Catedrais —
Sobre a cidade, a luz — esquiva poalha
Tingindo-se através longos vitrais...

Vitrais de sonho a debruá-la em volta,
A isolá-la em lenda marchetada:
Uma Veneza de capricho — solta,
Instável, dúbia, pressentida, alada...

Exílio branco — a sua atmosfera,
Murmúrio de aplausos — seu brou-u-há...
E na Praça mais larga, em frágil cera,
Eu — a estátua "que nunca tombará"...

7.
Meu alvoroço d'oiro e lua
Tinha por fim que transbordar...
— Caiu-me a Alma ao meio da rua,
E não a posso ir apanhar!

Paris — julho e agosto 1915

ABRIGO

Paris da minha ternura
Onde estava a minha Obra –
Minha Lua e minha Cobra,
Timbre da minha aventura.

Ó meu Paris, meu menino,
Meu inefável brinquedo...
— Paris do lindo segredo
Ausente no meu destino.

Regaço de namorada,
Meu enleio apetecido –
Meu vinho d'Oiro bebido
Por taça logo quebrada...

Minha febre e minha calma –
Ponte sobre o meu revés:
Consolo da viuvez
Sempre noiva da minh'Alma...

Ó fita benta de cor,
Compressa das minhas feridas...
— Ó minhas unhas polidas,
— Meu cristal de toucador...

Meu eterno dia de anos,
Minha festa de veludo...
Paris: derradeiro escudo,
Silêncio dos meus enganos.

Milagroso carroussel
Em feira de fantasia –
Meu órgão de Barbaria,
Meu teatro de papel...

Minha cidade-figura,
Minha cidade com rosto...
— Ai, meu acerado gosto,
Minha fruta mal madura...

Mancenilha e bem-me-quer,
Paris — meu lobo e amigo...
— Quisera dormir contigo,
Ser todo a tua mulher!...

Paris — setembro 1915

Cinco Horas

Minha mesa no Café,
Quero-lhe tanto... A garrida
Toda de pedra brunida
Que linda e que fresca é!

Um sifão verde no meio
E, ao seu lado, a fosforeira
Diante ao meu copo cheio
Duma bebida ligeira.

(Eu bani sempre os licores
Que acho pouco ornamentais:
Os xaropes têm cores
Mais vivas e mais brutais.)

Sobre ela posso escrever
Os meus versos prateados,
Com estranheza dos criados
Que me olham sem perceber...

Sobre ela descanso os braços
Numa atitude alheada,
Buscando pelo ar os traços
Da minha vida passada.

Ou acendendo cigarros,
— Pois há um ano que fumo —
Imaginário presumo
Os meus enredos bizarros.

(E se acaso em minha frente
Uma linda mulher brilha,
O fumo da cigarrilha
Vai beijá-la, claramente...).

Um novo freguês que entra
É novo actor no tablado,
Que o meu olhar fatigado
Nele outro enredo concentra.

É o carmim daquela boca
Que ao fundo descubro, triste,
Na minha ideia persiste
E nunca mais se desloca.

Cinge tais futilidades
A minha recordação,
E destes vislumbres são
As minhas maiores saudades...

(Que história d'Oiro tão bela
Na minha vida abortou:
Eu fui herói de novela
Que autor nenhum empregou...).

Nos cafés espero a vida
Que nunca vem ter comigo:
— Não me faz nenhum castigo,
Que o tempo passa em corrida.

Passar tempo é o meu fito,
Ideal que só me resta:
Pra mim não há melhor festa,
Nem mais nada acho bonito.

— Cafés da minha preguiça,
Sois hoje — que galardão! —
Todo o meu campo de acção
E toda minha cobiça.

Paris — setembro 1915

Serradura

A minha vida sentou-se
E não há quem a levante,
Que desde o Poente ao Levante
A minha vida fartou-se.

E ei-la, a mona, lá está,
Estendida, a perna traçada,
No infindável sofá
Da minha Alma estofada.

Pois é assim: a minh'Alma
Outrora a sonhar de Rússias,
Espapaçou-se de calma,
E hoje sonha só pelúcias.

Vai aos Cafés, pede um bock,
Lê o "Matin" de castigo,
E não há nenhum remoque
Que a regresse ao Oiro antigo!

Dentro de mim é um fardo
Que não pesa, mas que maça:
O zumbido dum moscardo,
Ou comichão que não passa.

Folhetim da "Capital"
Pelo o nosso Júlio Dantas —
Ou qualquer coisa entre tantas
Duma antipatia igual…

O raio já bebe vinho,
Coisa que nunca fazia,
E fuma o seu cigarrinho
Em plena burocracia!...

Qualquer dia, pela certa,
Quando eu mal me precate,
É capaz dum disparate,
Se encontra uma porta aberta...

Isto assim não pode ser...
Mas como achar um remédio?
— Pra acabar este intermédio
Lembrei-me de endoidecer:

O que era fácil — partindo
Os móveis do meu hotel,
Ou para a rua saindo
De barrete de papel

A gritar "Viva a Alemanha"...
Mas a minh'Alma, em verdade,
Não merece tal façanha,
Tal prova de lealdade.

Vou deixá-la — decidido —
No lavabo dum Café
Como um anel esquecido.
É um final mais raffiné.

Paris — setembro 1915

O LORD

Lord que eu fui de Escócias doutra vida
Hoje arrasta por esta a sua decadência,
Sem brilho e equipagens.
Milord reduzido a viver de imagens,
Pára às montras de jóias de opulência
Num desejo brumoso — em dúvida iludida...
(— Por isso a minha raiva mal contida,
— Por isso a minha eterna impaciência)!

Olha as Praças, rodeia-as...
Quem sabe se ele outrora
Teve Praças, como esta, e palácios e colunas —
Longas terras, quintas cheias,
Iates pelo mar fora,
Montanhas e lagos, florestas e dunas...

(— Por isso a sensação em mim fincada há tanto
Dum grande património algures haver perdido;
(— Por isso o meu desejo astral de luxo desmedido –
E a Cor na minha Obra o que ficou do encanto...)

Paris — setembro 1915

O Recreio

Na minh'Alma há um balouço
Que está sempre a balouçar —
Balouço à beira dum poço,
Bem difícil de montar...

— E um menino de bibe
Sobre ele sempre a brincar...

Se a corda se parte um dia,
(E já vai estando esgarçada),
Era uma vez a folia:
Morre a criança afogada...

— Cá por mim não mudo a corda,
Seria grande estopada...

Se o indez morre, deixá-lo...
Mais vale morrer de bibe
Que de casaca... Deixá-lo
Balouçar-se enquanto vive...

— Mudar a corda era fácil...
Tal ideia nunca tive...

Paris — outubro 1915

Torniquete

A tômbola anda depressa,
Nem sei quando irá parar —
Aonde, pouco me importa;
O importante é que pare...
— A minha vida não cessa
De ser sempre a mesma porta
Eternamente a abanar...

Abriu-se agora o salão
Onde há gente a conversar.
Entrei sem hesitação —
Somente o que se vai dar?
A meio da reunião,
Pela certa disparato,
Volvo a mim a todo o pano:
Às cambalhotas desato,
E salto sobre o piano...
— Vai ser bonita a função!
Esfrangalho as partituras,
Quebro toda a caqueirada,
Arrebento à gargalhada,
E fujo pelo saguão...

Meses depois, as gazetas
Darão críticas completas,
Indecentes e patetas,
Da minha última obra...
E eu — prà cama outra vez,
Curtindo febre e revés,
Tocado de Estrela e Cobra...

Paris — novembro 1915

Pied-de-nez

Lá anda a minha Dor às cambalhotas
No salão de vermelho atapetado —
Meu cetim de ternura engordurado,
Rendas da minha ânsia todas rotas...

O Erro sempre a rir-me em destrambelho —
Falso mistério, mas que não se abrange...
De antigo armário que agoirento range,
Minha alma atual o esverdinhado espelho...

Chora em mim um palhaço às piruetas;
O meu castelo em Espanha, ei-lo vendido —
E, entretanto, foram de violetas,

Deram-me beijos sem os ter pedido...
Mas como sempre, ao fim — bandeiras pretas,
Tômbolas falsas, carrossel partido...

Paris — novembro 1915

O Pajem

Sozinho de brancura, eu vago — Asa
De rendas que entre cardos só flutua...
— Triste de Mim, que vim de Alma prà rua,
E nunca a poderei deixar em casa...

Paris — novembro 1915

Campainhada

As duas ou três vezes que abriram
A porta do salão onde está gente,
Eu entrei, triste de mim, contente —
E à entrada sempre me sorriram...

Paris — outubro 1915

ÁPICE

O raio de sol da tarde
Que uma janela perdida
Reflectiu
Num instante indiferente –
Arde,
Numa lembrança esvaída,
À minha memória de hoje
Subitamente...

Seu efémero arrepio
Ziguezagueia, ondula, foge,
Pela minha retentiva...
— E não poder adivinhar
Por que mistério se me evoca
Esta ideia fugitiva,
Tão débil que mal me toca!....

— Ah, não sei porquê, mas certamente
Aquele raio cadente
Alguma coisa foi na minha sorte
Que a sua projecção atravessou...

Tanto segredo no destino de uma vida ...
É como a ideia de Norte,
Preconcebida,
Que sempre me acompanhou...

Paris — agosto 1915

Desquite

Dispam-me o Oiro e o Luar,
Rasguem as minhas togas de astros –
Quebrem os ónix e alabastros
Do meu não querer igualar.

Que faço só na grande Praça
Que o meu orgulho rodeou –
Estátua, ascensão do que não sou,
Perfil prolixo de que ameaça?...

...E o sol... ah, o sol do acaso,
Perturbação de fosco e Império v
A solidão dum ermitério
Na impaciência dum atraso...

O cavaleiro que partiu,
E não voltou nem deu notícias –
Tão belas foram as primícias,
Depois só luto o anel cingiu...

A grande festa anunciada
As galas e elmos principescos,
Apenas foi executada
A guinchos e esgares simiescos...

Ânsia de Rosa e braços nus,
Findou de enleios ou de enjoos...
— Que desbaratos os meus voos;
Ai, que espantalho a minha cruz...

Paris — julho 1915

"Caranguejola"

—Ah, que me metam entre cobertores,
E não me façam mais nada!...
Que a porta do meu quarto fique para sempre fechada,
Que não se abra mesmo para ti se tu lá fores.

Lã vermelha, leito fofo. Tudo bem calafetado...
Nenhum livro, nenhum livro à cabeceira...
Façam apenas com que eu tenha sempre a meu lado,
Bolos de ovos e uma garrafa de Madeira.

Não, não estou para mais — não quero mesmo brinquedos;
Pra quê? Até se mos dessem não saberia brincar...
— Que querem fazer de mim com este enleios e medos?
Não fui feito pra festas. Larguem-me! Deixem-me sossegar...

Noite sempre p'lo meu quarto. As cortinas corridas,
E eu aninhado a dormir, bem quentinho — que amor...
Sim: ficar sempre na cama, nunca mexer, criar bolor —
P'lo menos era o sossego completo... História! Era a melhor das vidas...

Se me doem os pés e não sei andar direito,
Pra que hei-de teimar em ir para as salas, de Lord?
— Vamos, que a minha vida por uma vez se acorde
Com o meu corpo, e se resigne a não ter jeito...

De que me vale sair, se me constipo logo?
E quem posso eu esperar, com a minha delicadeza?...
Deixa-te de ilusões, Mário! Bom édredon, bom fogo —
E não penses no resto. É já bastante, com franqueza...

Desistamos. A nenhuma parte a minha ânsia me levará.
Pra que hei-de então andar aos tombos, numa inútil correria?
Tenham dó de mim. Co'a breca! levem-me p'rà enfermaria! —
Isto é: pra um quarto particular que o meu Pai pagará.

Justo. Um quarto de hospital — higiénico, todo branco,
[moderno e tranquilo;
Em Paris, é preferível — por causa da legenda...
Daqui a vinte anos a minha literatura talvez se entenda —
E depois estar maluquinho em Paris fica bem, tem certo estilo...

— Quanto a ti, meu amor, podes vir às quintas-feiras,
Se quiseres ser gentil, perguntar como eu estou.
Agora, no meu quarto é que tu não entras,
[mesmo com as melhores maneiras:
Nada a fazer, minha rica. O menino dorme.
[Tudo o mais acabou.

Paris — novembro 1915

ÚLTIMO SONETO

Que rosas fugitivas foste ali:
Requeriam-te os tapetes — e vieste...
— Se me dói hoje o bem que me fizeste,
É justo, porque muito te devi.

Em que seda de afagos me envolvi
Quando entraste, nas tardes que apar'ceste –
Como fui de percal quando me deste
Tua boca a beijar, que remordi...

Pensei que fosse o meu o teu cansaço —
Que seria entre nós um longo abraço
O tédio que, tão esbelta, te curvava...

E fugiste... Que importa? Se deixaste
A lembrança violeta que animaste,
Onde a minha saudade a Cor se trava?...

Paris — dezembro 1915

Este livro foi composto em Adobe Garamond Pro,
enquanto *Alberto* era cantado e tocado por Chico César,
em janeiro de 2019, para a Editora Moinhos.